Kamala Harris, la primera

Kamala Harris, la primera

MARÍA RAMÍREZ

DEBATE

Papel certificado por el Forest Stewardship Council®

Primera edición ampliada: septiembre de 2024

© 2021, 2024, María Ramírez

© 2021, 2024, Penguin Random House Grupo Editorial, S. A. U.
Travessera de Gracia, 47-49. 08021 Barcelona
© Diseño de cubierta: Penguin Random House Grupo Editorial
© Imagen de cubierta: Shutterstock

Printed in Spain – Impreso en España

ISBN: 978-84-10433-34-2
Depósito legal: B-14.583-2024

Compuesto en Comptex & Ass., S. L.
Impreso en Artes Gráficas Huertas
Fuenlabrada (Madrid)

C 4 3 3 3 4 2

A Rocío y Edu,
mi Shyamala y mi Doug

Índice

Nota sobre la presente edición

Este libro fue concebido en 2020 como un perfil largo de la nueva vicepresidenta de Estados Unidos, una pionera sobre cuyo futuro había grandes expectativas. Cuatro años después, Kamala Harris llegó al destino que se imaginaba para ella, pero tras un camino más tortuoso e incierto de lo esperado.

Y así nació la nueva edición de este libro, con dos capítulos más escritos después de la renuncia de Joe Biden a la candidatura demócrata a la Casa Blanca y el ascenso de Harris como la elegida para batirse contra Donald Trump. Tanto la primera como la segunda parte del libro, escritas con cuatro años de diferencia, están basadas en entrevistas con periodistas, biógrafos, historiadores y personas conocedoras de la trayectoria de Harris, además de material de sus propios libros y entrevistas durante estos años.

En estos cuatro años, he escrito sobre todo acerca de la política británica desde Oxford, donde vivo ahora, pero nunca he dejado de hacer entrevistas y contar historias sobre Estados Unidos, el país que más me apasiona pase lo que pase.

M.R.

Aquel sábado de noviembre

The time is always now.

James Baldwin

El 7 de noviembre de 2020 sobre las once y media de la mañana en Boston, Nneka Nwosu Faison le dijo a su hija Zoe, de cuatro años, que un día podría ser presidenta. «Mira, ¿te gusta que nuestra vicepresidenta se parezca a ti?» La niña asintió mirando a la pantalla. «Puedes ser lo que quieras. Las niñas negras pueden ser lo que quieran», le insistía su madre. «Cualquiera puede ser lo que quiera», exclamó Zoe.

Conozco esta historia porque Nneka la compartió conmigo y con otros amigos periodistas unos minutos después, mientras las calles de todo el país estallaban en una fiesta colectiva y espontánea de aplausos, cláxones, bailes, gritos y risas. Había pasado un rato desde que la CNN y la agencia de noticias AP, la verdadera fuente de referencia en el escrutinio y la estimación de ganadores

13

de las presidenciales desde 1848, habían proyecta-
do que Joe Biden y Kamala Harris serían los nuevos ocupantes de la Casa Blanca.

Las palabras de Nneka hicieron que se me sal-
taran las lágrimas. Puede que tuviera algo que ver
con el cansancio acumulado tras cuatro días y cuatro noches trabajando sin apenas pausa y con muy
pocas horas de sueño. Pero también sentía el peso
de ese momento simbólico frente a la dolorosa historia de Estados Unidos, esa promesa continua, op-
timista e incompleta en busca de la felicidad para
todos. Y puede que tuviera que ver con ese senti-
miento agridulce al pensar que Nneka, brillante
periodista de Filadelfia, jefa en la televisión local de
Boston y titulada por las universidades de Prince-
ton, Columbia y Harvard, todavía necesitaba momentos de reafirmación para ella y para su hija.

Esa escena entre Nneka y Zoe se repitió por
todo el país aquel sábado de noviembre inusual-
mente cálido para la época. Era parte de la fiesta
de liberación de un presidente que ha sido una
anomalía histórica por el grado de corrupción,
ineptitud, misoginia y racismo sin disimulo. Era
parte de la fiesta de lo que significaban los elegi-
dos: Joe Biden como remedio inmediato de rec-
titud; Kamala Harris como promesa de un país
multirracial y de concordia que celebra sus raíces
inmigrantes. Y era también la fiesta de revancha

por la derrota de Hillary Clinton frente a un presidente que presumía de «agarrar por el coño» a las mujeres y había sido acusado por una veintena de mujeres de abusos sexuales considerados verosímiles después de una investigación cuidadosa de los medios.

Harris, muy consciente de su lugar en la historia, pronunció sonriente, despacio y con solemnidad su primer discurso como vicepresidenta electa. Fue aquella noche del 7 de noviembre en Wilmington, Delaware, en un escenario rodeado de banderas, con la música de Beyoncé de fondo y frente a un grupo de simpatizantes en coche para evitar el contagio.

«Aunque seré la primera mujer en este cargo, no seré la última. Porque cada niña pequeña que esté viéndonos esta noche ve que este es un país de posibilidades. Y para los niños de nuestro país, sin importar el género, nuestro país ha mandado un mensaje claro: sueña con ambición, lidera con convicción y mírate a ti mismo de una manera en la que otros tal vez no te ven simplemente porque no lo han visto antes. Y te aplaudiremos a cada paso en el camino».

Los europeos, siempre enamorados del glamour del pesimismo, a menudo escuchamos con escepticismo palabras como estas en boca de los políticos de Estados Unidos, tal vez los más hábiles a la hora de mezclar emoción y sustancia y de convencer a sus conciudadanos de que cada nuevo día es mejor.

Harris no dejaba de sonreír. Es uno de sus gestos más habituales. Es rara la entrevista que no interrumpe con risas que acaban en carcajadas muy sonoras. El optimismo que transmite es parte de lo que quieren, de lo que necesitan los estadounidenses para seguir creyendo en su país.

Pero las palabras y las sonrisas no son suficientes. Tampoco a veces los intentos de reforma de los políticos más empeñados en hacer realidad un mundo más justo y con más oportunidades, donde no importen el color de la piel, el origen nacional, el acento o el género. Más allá de las buenas intenciones, Barack Obama descubrió pronto los límites de lo que se puede hacer incluso desde el cargo con más poder del mundo. Pero creer es el primer paso para mejorar. Y si a pesar de todo los millones de personas que viven en Estados Unidos avanzan con un hilo de unidad y de vez en cuando son capaces de logros extraordinarios como ningún otro país en el mundo, se debe en buena parte a su fe. También se trata de fe religiosa. Pero sobre todo de fe en el poder de las personas, sus palabras, su ejemplo.

«Es la política de la representación. Va más allá del simbolismo —me cuenta Martha Jones, historiadora de la Universidad Johns Hopkins de Washington y autora de un libro sobre las mujeres afroamericanas en la vanguardia de la lucha por el sufragio y los derechos civiles—. El reconocimiento de ver a gente que no solo se parece a ti, sino que comparte tu experiencia, tu historia, tu cultura en altos cargos en Estados Unidos tiene el efecto de inspirar y animar a muchos más estadounidenses a ver la política a su alcance».

La elección de Kamala Harris fue la culminación de un cambio que se ha acelerado en los últimos años. En 2016, por ejemplo, se presentaron a la Cámara de Representantes cincuenta y cinco mujeres negras, latinas, nativas americanas, de origen asiático o multirracial. En 2020, fueron ciento quince, más que nunca en la historia del país, según el recuento del Center for American Women and Politics de la Universidad Rutgers.

Es fácil atribuir parte de este movimiento a la reacción contra la presidencia de Trump, pero lo cierto es que el cambio ya empezó en 2008, durante las muy competitivas primarias entre Barack Obama y Hillary Clinton. Alrededor de sus campañas, más modernas y más diversas que en el pasado, también ascendió una nueva generación de mujeres negras, que empezaron a estar más implicadas en la vida pública y no eran necesariamente figuras políticas.

Todo empezó a manifestarse con más claridad, según la profesora Jones, en ese ciclo electoral. 2008 fue el año en que Michelle Obama entró en la escena política: entonces no podía imaginar que se convertiría en una de las fuerzas más influyentes en el Partido Demócrata y en motor de participación en las elecciones. También entonces Oprah Winfrey empezó a hablar en mítines por primera vez después de una carrera centrada en el entretenimiento. Donna Brazile, que llevaba años entre bambalinas, se convirtió en comentarista omnipresente en la CNN. Melissa Harris Perry, académica, también despegó gracias a un programa de televisión. Y más allá de las figuras más visibles, los blogs de aquella época ayudaron a que hubiera más voces de mujeres poco conocidas pero muy implicadas en esas primarias y en esa carrera presidencial.

El hecho de que tantas mujeres negras aspiren ahora al servicio público, a la primera línea de la política, ya es revolucionario, en especial si se considera que fueron el último grupo en ejercer su derecho al voto en Estados Unidos, penalizadas doblemente por su género y su raza. El derecho de voto para las mujeres que Estados Unidos reconoció en 1918 no incluía a las negras, y hasta finales de los años sesenta fueron especialmente penalizadas por cualquier intento de acercarse a las urnas.

Cuando Harris cuenta su historia, suele recordar a los ancestros y en particular «a las mujeres en cuyos hombros» se sostiene.

Siempre habla de su madre, Shyamala Gopalan Harris, que emigró sola con diecinueve años desde el sur de la India para estudiar en Berkeley y se convirtió en una investigadora del cáncer que crio casi sola a dos hijas. En cada discurso importante desde su nombramiento como fiscal general de California, Harris pronuncia el nombre de su madre, que murió en 2009, y lo pronuncia despacio, con claridad, porque quiere que se escuche en las salas del poder, ante las cámaras del mundo entero.

En su discurso de aceptación de la candidatura a la vicepresidencia, en agosto de 2020, también nombró a Hillary Clinton y a seis mujeres negras de la historia de Estados Unidos.

«Estas mujeres nos inspiraron para recoger la antorcha y seguir luchando», dijo Harris. Mencionó a Mary Church Terrell, hija de esclavos en Tennessee que luchó por el sufragio para las mujeres desde finales del siglo XIX, y a Mary McLeod Bethune, profesora, asesora de Franklin D. Roosevelt y luchadora por los derechos civiles en Carolina del Sur en los años treinta y cuarenta. A Fannie Lou Hamer, fundadora de un partido alternativo al demócrata en el Mississippi de los años sesenta para luchar por el derecho de voto en el Sur, y a Diane Nash, activista de Chicago que organizó y participó en las marchas por la libertad para llevar afroamericanos a votar en medio de la violencia que estaba sufriendo el Sur. A Constance Baker Motley, la primera jueza federal negra de Estados Unidos y presidenta del distrito de Manhattan, y, por supuesto, a Shirley Chisholm, la primera negra elegida como miembro del Congreso, en 1968, la primera persona afroamericana y la primera mujer que se presentó a la presidencia de Estados Unidos por uno de los dos grandes partidos del país. El logo de Kamala Harris en su fallida carrera en las primarias demócratas se inspiró en el rojo y amarillo que utilizaba Chisholm para sus chapas.

«La biografía de Kamala Harris explica que se ha convertido en lo que es gracias a la inspiración y a los caminos construidos por mujeres de generaciones anteriores», dice Jones.

Su ascenso como fiscal, senadora y vicepresidenta ha sido rápido, pero no ha estado exento de dificultades. Harris se encontró en 2021 en una situación excepcional y cargaba con un nivel de expectativas no habituales para una persona que llega como número dos a la Casa Blanca.

David Axelrod, el estratega jefe de la campaña de Obama y su consejero en la Casa Blanca, fue uno de los primeros que me descubrió el poder de la historia personal de Harris.

Conozco a Axelrod porque di clases como *fellow* en el Instituto de Política de la Universidad de Chicago, que él fundó y dirigió hasta 2023. Es un centro al margen de los partidos que aspira a ser un foro de debate y entendimiento sobre políticas públicas más allá de las etiquetas.

Estuve allí en otoño de 2018, cuando ya se estaban preparando las primarias demócratas para las presidenciales y Axelrod tenía otros favoritos, como Beto O'Rourke, que estaba despuntando entonces por una campaña audaz al Senado en Texas. Puede que no estuviera entre los candidatos que consideraba más probables, pero Axelrod ya había entrevistado a Harris para su influyente podcast. Tal vez no reconocía en ella la misma magia y capacidad de conexión con los votantes que le había hecho enamorarse de Obama, pero sí una candidata seria con una historia única y a la vez cercana a la de una parte cada vez más grande de Estados Unidos.

En 2020, creía que Harris era quien más se jugaba en la nueva Casa Blanca porque era «la primera vicepresidenta que asume el cargo como la candidata favorita en las primarias para las siguientes elecciones».

«A veces, tienes un vicepresidente que puede presentarse tras el segundo mandato. Pero no se me ocurre otro ejemplo de alguien que tome posesión como la favorita en las próximas elecciones. Esto será un reto porque Biden va a recibir presiones de la izquierda para que promueva una agenda muy progresista. No creo que vaya a ser tan progresista como querrían los progresistas. Y van a presionarla a ella porque ella va a ser la que va a presentarse. Tendrá a la vez la presión y la obligación de ser leal a Biden y apoyar sus posiciones —me decía Axelrod unas horas antes de las elecciones—. Va a estar entre la espada y la pared».

Flor de loto

Kamala Devi Harris nació el 20 de octubre de 1964 en Oakland, una ciudad en el lado continental de la bahía de San Francisco. Todavía hoy, Harris siente la necesidad de explicar su propio nombre: se pronuncia «Kám-ala» —o, como dice ella, «igual que el signo de puntuación» en inglés—, es muy común en la India y significa «flor de loto».

También está acostumbrada a que su nombre sea motivo de desconfianza o de extrañeza. Unas horas después de que Joe Biden anunciara que ella era la elegida como candidata a vicepresidenta, un presentador de Fox News, Tucker Carlson, se mofó de su nombre cuando un tertuliano de su programa le pidió que hiciera el esfuerzo por pronunciarlo bien. Durante la campaña, una línea habitual de ataque era hacer chistes para referirse a Kamala «o como se llame».

Pero en su infancia la discriminación fue mucho más tangible que un nombre mal pronunciado.

Oakland había sido próspera por las fábricas en la zona durante la posguerra y había crecido por la cercanía de San Francisco, pero en los años sesenta la ciudad perdía población, se había empobrecido y empezaba a vivir las tensiones raciales que luego se verían en otros lugares. Muchos de sus habitantes habían acabado allí como estudiantes y profesores de la Universidad de California en Berkeley, a las afueras de la ciudad. Ese era el caso de los padres de Harris.

Su madre, Shyamala Gopalan, llegó a California en 1958 para estudiar en Berkeley porque en la India no había universidad que quisiera enseñar bioquímica a una mujer. Nadie había salido del país en su familia, pero su padre, un alto funcionario indio que había luchado por la independencia de la nación, se ofreció a pagarle el primer año de universidad en Estados Unidos. Su madre era sufragista y aceptó ese paso gigante para entonces. Eran brahmanes, una casta respetada por la tradición en la historia india más que por el dinero. En la Universidad de California, Shyamala llevaba sari, el traje tradicional indio, y sus compañeros pensaban equivocadamente que su vestimenta y su educación eran signos de que pertenecía a la realeza.

El padre de Kamala, Donald Harris, emigró de Jamaica a Estados Unidos en 1961 porque quería estudiar Economía para reconstruir su país, pero no quería tener nada que ver con el colonial Reino Unido, donde a menudo iban a estudiar los más ambiciosos.

«Nunca vine para quedarme. Es la típica historia: me enamoré de un chico, nos casamos y pronto llegaron las niñas», contaba Shyamala al *San Francisco Weekly* en 2003. En aquella conversación también dejaba claro que no creía en el destino, sino en el esfuerzo: «No nacemos para un propósito elevado. El karma simplemente significa que vamos de acá para allá. Hacemos lo que debemos, y, cuanto menos nos preocupemos, mejor. Pero el karma no es pasivo: cada acción está basada en una intención. La única cuestión es "¿eres consciente de tus intenciones?", "¿de las consecuencias de tus acciones?"».

Las intenciones de Gopalan estaban claras y su camino hasta ser una científica con impacto estuvo lleno de esfuerzo.

Cuando nació Kamala, Gopalan acababa de recibir su doctorado, y su marido estaba inmerso en el suyo. Un par de años después, nació Maya.

Los Gopalan-Harris eran veinteañeros, estudiaban y trabajaban, y tenían la presión de ser inmigrantes en una sociedad conservadora como la de aquella California, donde por su color de piel caían del lado de los afroamericanos en años donde ni su derecho de voto estaba asegurado. Cuando estaba en párvulos, Kamala iba en autobús todos los días a un colegio de Berkeley que estaba lejos de su casa como parte del programa de integración obligatoria entre razas que se empezó a aplicar en su escuela en 1968.

El profesor Harris aceptó dar clases en varias universidades en Illinois y Wisconsin mientras el resto de la familia seguía en California. Sus padres se separaron cuando Kamala tenía cinco años. Ahora ella atribuye el divorcio prematuro a la juventud de sus padres y a la presión de sus respectivas ambiciones en un entorno no siempre amable. La separación no fue amistosa. Durante años, sus padres apenas hablaban entre sí, y evitaban coincidir en festejos o reuniones familiares.

Kamala y Maya visitaban los fines de semana a su padre. Fue Gopalan quien educó casi en solitario a sus dos hijas. Cuidó de ambas, compró una casa y consiguió su sueño de ser una investigadora con impacto.

Cuando Kamala tenía doce años, las tres se mudaron a Montreal, en Canadá, por el trabajo de la doctora en el Jewish General Hospital, donde consiguió hacer investigación pionera sobre el cáncer de mama en su propio laboratorio. Kamala recuerda cómo a veces la ayudaba durante sus ensayos, sujetando probetas y aprendiendo de la mente analítica de su madre que toda hipótesis tenía que ser testada.

Mientras, su padre se convirtió en uno de los profesores de Economía más admirados de Stanford, donde hoy sigue siendo profesor emérito.

Como Barack Obama, amigo personal desde que él se presentó al Senado en 2004, Harris tiene una identidad racial más compleja que la de otros afroamericanos: después de todo, su madre era india, aunque en los años sesenta había poca sutileza en California y la consideraban negra igual que los afroamericanos, más numerosos en el país, sin especial atención al hecho de que ella venía del Sudeste Asiático y tenía su propia experiencia.

Harris define ahora a su madre como *brown*, «marrón», el adjetivo que se utiliza a menudo en Estados Unidos para incluir a latinos, asiáticos y otras personas de distintos orígenes dentro de la compleja diversidad racial del país.

Incluso hoy, hablar de la identidad interracial no es algo que se considere positivo, y no gusta entre los estudiosos de la historia afroamericana. Si bien los estadounidenses son producto de la inmigración de muchas regiones del mundo y esta mezcla es parte de su excepcionalidad, todavía cuesta que muchas personas se definan a sí mismas como «multirraciales». Prefieren elegir «blanco» o «negro» en el censo, aunque haya opciones más precisas. Incluso en California solo el 3 por ciento de la población escoge la definición de «multirracial».

Barack Obama, como cuenta en sus libros, se enfrentó a una crisis de identidad en su propia familia como hijo de una madre blanca de Kansas y un hombre negro de Kenia, y que había sido criado principalmente entre Indonesia y Hawái por una madre trotamundos y unos abuelos blancos tradicionales. Más que la lucha interna, por la que Kamala no dice haber pasado, pues su familia era más estable y su identidad estaba ligada a su madre, ambos representan una parte de la historia de Estados Unidos poco contada.

Priya Satia, historiadora de la Universidad de Stanford especializada en el Imperio británico, describe a Obama y Harris como herederos de la lucha contra el Imperio británico que definió la fundación de Estados Unidos y que continuó con la oposición al colonialismo en muchos otros lugares.

«Barack Obama y Kamala Harris son el producto de familias marcadas por el optimismo antirracista y anticolonial global de los años sesenta, por los lazos que los jóvenes progresistas en todo el mundo trazaron para crear nuevos tipos de sociedades en un momento en que el Imperio parecía completar el proceso de desintegración que empezó en 1776», escribe Satia. Para ella, Harris es «la quintaesencia del político de Estados Unidos por —y no a pesar de— ser hija de inmigrantes, y parte de la historia global del antiguo Imperio británico».

La inspiración de Martin Luther King era Mahatma Gandhi, y no es de extrañar que la madre de Harris conectara tan bien con la corriente de protestas pacifistas en Berkeley. Su experiencia era el reflejo de la misma transformación de una generación marcada por la batalla contra la segregación racial en Estados Unidos y el racismo colonial en África y el Caribe.

El padre de Harris, como el de Obama, llegó a Estados Unidos para estudiar Economía, como parte de la primera generación de hombres libres que querían reconstruir un mundo poscolonial fuera del dominio británico, ya fuese en Kenia o en Jamaica.

Ahora es más fácil mirar atrás y entender la historia de Estados Unidos, que todavía vive en el desarrollo del mundo poscolonial y postsegregación racial.

Esa compleja identidad racial no evitó que la familia de Harris sufriera la discriminación en la California de los años sesenta y setenta. Kamala recuerda cómo en su ciudad se reían del «acento fuerte» de su madre o lo identificaban con una menor inteligencia, y cómo desconocidos solían asumir que su madre era limpiadora en lugar de profesora universitaria.

Shyamala le enseñó que «el hecho de que algo sea difícil no es una excusa aceptable», según cuenta Harris en *The Truths We Hold*, su autobiografía y libro de campaña.

La familia se integró de la mano del activismo por los derechos civiles. Harris no recuerda los momentos más tensos de aquella época de protestas violentas y movimientos radicales. El partido de las Panteras Negras, una milicia que no se andaba con protestas pacíficas, nació precisamente en Oakland en 1966. Ese era el contexto, pero Harris rememora la parte más festiva del activismo en la que ella y Maya participaron desde niñas.

Uno de los lugares que cita Harris sobre su infancia es Rainbow Sign, un centro cultural negro del Berkeley de los años setenta donde, como recuerda, la cantante Nina Simone le causó un gran impacto. Su madre también las llevaba a ella y a su hermana a una iglesia baptista negra a cantar. Esos momentos sociales y el apoyo que le dieron grupos de afroamericanas a la familia después del divorcio apuntalaron la identidad negra de Kamala y Maya, muy conectadas desde entonces con la experiencia cultural afroamericana.

Meena Harris, la hija de Maya, explica que la ausencia de Donald Harris contribuyó a forjar la identidad de su tía y su madre. «Su experiencia y su relación con la negritud fue por ser criadas en aquellas comunidades de Oakland y Berkeley, no a través del prisma de ser caribeñas», contó en una entrevista al *New Yorker* en 2019.

Estas son las sutilezas que ahora se debaten sobre comunidades complejas. Entonces, más allá de su círculo, tantos matices sobre la raza y el origen no eran habituales. Con el pasar de los años, las diferencias también se han vuelto en su contra, en parte por el llamado «colorismo», otro tipo de discriminación por la tonalidad de la piel incluso dentro de la propia comunidad afroamericana.

Durante su carrera, Harris también ha escuchado comentarios de que no es «suficientemente negra», como le pasó a Obama y que ella misma contestaba en los mítines en 2008 en nombre del futuro presidente. Durante las primarias demócratas de 2020, un rapero, Luther «Luke» Campbell, dijo que los afroamericanos nunca votarían por Harris por haber sido fiscal, e incluso la atacó por estar casada con «un abogado blanco rico», Doug Emhoff.

Su matrimonio sigue siendo, de hecho, una excepción en Estados Unidos, donde solo cerca del 10 por ciento de las parejas casadas están formadas por personas de razas distintas, aunque el porcentaje sube cada año, según el Pew Research Center.

Harris está acostumbrada a estar en minoría. Su experiencia, como la de muchos jóvenes que crecieron en comunidades urbanas en los setenta, fue a menudo la de ser la persona diferente.

Kamala se educó en colegios donde la mayoría de los estudiantes eran blancos hasta que fue a la Universidad Howard de Washington, que nació en el siglo XIX para acoger a estudiantes afroamericanos discriminados en otras instituciones. Durante décadas fue la única opción y poco a poco se convirtió en una escuela para afroamericanos que querían hacer carrera pública.

Cuando llegó a Howard en 1982, Harris salía de su adolescencia en un instituto en Montreal de mayoría blanca, donde se peleaba con el francés y donde había crecido en un ambiente cordial y con menos tensión racial. Había estudiado en el instituto de Leonard Cohen y su máximo grado de activismo en aquellos años había sido protestar contra un casero que no dejaba a los adolescentes jugar en un parque. La de Montreal era una vida tranquila y acomodada, pero en sus memorias cuenta que siempre echó de menos Estados Unidos.

En Howard, se unió a la fraternidad femenina de la universidad y al club de debate, y participó en algunas manifestaciones. En sus memorias explica que iba a las protestas contra el *apartheid* cada fin de semana, aunque no era parte de los grupos más radicales del campus y enseguida buscó maneras tradicionales de involucrarse en la vida pública.

Fue becaria de la Comisión de Comercio y de un senador de California en su oficina en Washington. En el instituto de Montreal había estudiado Arte, pero en Howard ya tenía claro otro camino: se graduó en 1986 en Economía y Ciencias Políticas, y ya pensaba en estudiar Derecho. Dice que uno de sus ídolos entonces era otro graduado de Howard, Thurgood Marshall, que fue el primer juez afroamericano en el Tribunal Supremo, nombrado por Lyndon Johnson en 1967. También cuenta que cuando era becaria en Washington paseaba delante del Supremo y se detenía a admirar el edificio.

En mayo de 2017, unos meses después de ser elegida senadora, Harris dio el discurso de graduación en Howard. Recordó sus andanzas y el lema que la había inspirado: «Veritas et Utilitas» («verdad y servicio»). También explicó que aquellos años le habían servido para entender que se podía luchar en varios frentes y ser más ambicioso de lo que dictaran los prejuicios del momento.

Harris animó a los jóvenes a la acción con una frase que la ha empujado a menudo en su carrera:

«Tenéis que vivir las palabras de James Baldwin: "Nunca hay un tiempo en el futuro en el que resolveremos nuestra salvación. El reto es el momento: el tiempo es siempre ahora"». *The time is always now.*

La primera «rellena-el-espacio»

Cuando le preguntan qué supone ser «la primera», Harris suele bromear con que está acostumbrada a ser «la primera "rellena-el-espacio"» en varias categorías. A veces contesta diciendo que un hombre también podría hacer su trabajo.

La primera mujer vicepresidenta de Estados Unidos. La primera mujer negra en llegar a la Casa Blanca. La primera persona indioamericana en ocupar el cargo. Y así ha sido muy a menudo, con varios hitos desde que empezó su vida más pública al ser elegida la primera mujer fiscal general del distrito de San Francisco en 2003.

«Puede que seas la primera en hacer muchas cosas, pero asegúrate de que no eres la última», formulaba entonces ante las cámaras. Era una frase que le decía su madre y que Harris no ha dejado de repetir desde entonces.

Al salir de Howard, tenía claro que quería dedicarse a la justicia y estudió Derecho cerca de casa, en el Hastings College de la Universidad de California, una de las primeras facultades donde estudiar leyes de la Costa Oeste y con sede en San Francisco.

Empezó a ejercer como abogada y como fiscal en los noventa, años de violencia en las calles, cuando había hasta cuatro mil homicidios al año en el estado de California.

En esa década trabajó como fiscal en la oficina del distrito del condado de Alameda, que es donde está la ciudad de Oakland. Entre sus tareas estaban las guardias de homicidios, que consistían en ir a la escena del crimen en mitad de la noche para asegurarse de que la policía no destruía o invalidaba pruebas y que todo el proceso era escrupuloso para que los criminales pudieran ser juzgados. Acabó trabajando en la unidad especializada en delitos sexuales, como violaciones y abusos de menores, y llamó la atención por su diligencia y sensibilidad en casos tan delicados.

La fiscal de la ciudad de San Francisco la fichó para que se ocupara de la oficina encargada de abusos familiares e infantiles, y Harris se entregó en particular a la misión de combatir la explotación sexual de menores. Su impotencia al ver que los delitos a veces quedaban impunes y las víctimas, a menudo menores, desprotegidas, la llevó a interesarse más por el funcionamiento del sistema y por cómo se podía mejorar. Y de ahí pasó a querer postularse a un cargo público más influyente.

En 2003, cuando se presentó a fiscal del distrito de San Francisco, el crimen estaba en declive, pero la mayoría de sus colegas todavía defendían políticas estrictas en un estado especialmente severo. Aún estaba vigente una legislación de 1994, reflejo de la nacional que también apoyó Joe Biden y que era muy dura con los delincuentes reincidentes: la llamada ley de los «tres golpes». Un delito, aunque fuera menor, cometido después de otro grave suponía el doble de la sentencia que habría recibido la persona sin antecedentes, y el tercero, una condena de entre veinticinco años y cadena perpetua.

En California, también se aplicaba la pena de muerte. De hecho, uno de los elementos diferenciadores de su campaña era que ella estaba en contra de tal castigo, algo no tan común entonces entre los demócratas.

Harris se presentó contra un líder popular en el partido y que llevaba dos mandatos en el cargo, Terence Hallinan. El apodo de su rival era Kayo, de K.O., porque era conocido por derrotar con facilidad a sus rivales en sus años como boxeador. Ella había trabajado en su oficina durante un año y medio, pero se había ido con la fiscal de la ciudad porque había visto «un desastre» de trabajadores descontentos y sin recursos mínimos como un ordenador o un sistema de archivos. En su libro cuenta que cuando decidió presentarse, la oficina del fiscal del distrito «se estaba autodestruyendo».

Muchos le aconsejaron que esperara. Entonces empezó a perseguirla una acusación que hoy sigue apareciendo en el discurso de algunos republicanos y que ha llegado a las palabras confusas de algunos troles españoles de Twitter.

En septiembre de 2003, el *San Francisco Weekly* decía en el subtítulo de un largo perfil sobre ella: «Es lista, tiene experiencia y se presenta a fiscal del distrito. Pero es la exnovia de Willie Brown, y sus rivales están intentando crucificarla por eso».

Brown era entonces el alcalde de San Francisco, estaba considerado como poderoso en el Partido Demócrata local y había sido condenado por corrupción. Fue un mentor para muchos candidatos, incluido el actual gobernador de California, Gavin Newsom. Harris tuvo una relación con Brown en 1994: ella tenía veintinueve años y llevaba unos cuantos trabajando en la oficina del distrito de Oakland; él tenía sesenta y era portavoz de la asamblea local. La historia duró de marzo a diciembre porque ella lo dejó por mujeriego, según dijo Harris. Una década después, le seguían preguntando por él. Y más de dos décadas después, también.

En aquella entrevista con el *San Francisco Weekly*, Harris decía que era como «un albatros» alrededor de su «cuello» y defendía que estaba dispuesta a investigar a Brown, que entonces se estaba jubilando. «Si hay corrupción, será procesado. No hay más que hablar. Sigamos —decía Harris en esa entrevista—. Su carrera está acabada. Yo estaré dando guerra los próximos cuarenta años. No le debo nada». El periódico subrayaba que a Harris le molestaba hablar de Brown.

Harris ascendía en un mundo lleno de clichés. Aquel artículo se titulaba «El karma de Kamala».

«San Francisco es conocida como paraíso progresista de cambio, pero a menudo los líderes no son negros ni latinos, y fue importante ver a una mujer negra en ese papel —dice Jamilah King, periodista de la revista *Mother Jones* originaria de la región y que ha investigado los primeros años de Harris como fiscal—. Aunque hay una historia de progresismo enraizado en el norte de California, San Francisco está liderada por demócratas ricos moderados o incluso algo conservadores. Y la política local es despiadada, más que en ningún otro lugar».

California también es un estado que empezó a vivir antes que otros lugares del país y con mucha intensidad las tensiones respecto a la policía, las reformas y la desigualdad. Tal vez todo ello explique por qué tres de las grandes figuras demócratas de 2020 venían de ahí: Kamala Harris, Gavin Newsom y Nancy Pelosi.

Harris ganó aquella primera carrera en 2003 y empezó su vida más pública en un despacho con paredes despintadas donde solo había una silla. Sus retos al llegar fueron tan pequeños e importantes a la vez para la oficina del distrito como conseguir ordenadores y un correo electrónico.

En sus memorias cuenta que sus primeras tareas estuvieron centradas en profesionalizar la oficina y animar al personal con cambios importantes para la vida cotidiana, como comprar una fotocopiadora, pintar las paredes y escuchar a los fiscales explicar los detalles de sus casos.

También relata cómo involucró a Lateefah Simon, una activista exadicta y exconvicta, para crear un programa dirigido a evitar que jóvenes con pocos recursos acabaran en una espiral de pequeños delitos que los llevara a la cárcel y marcara su vida para siempre. Se llamaba Back On Track, es decir, «de vuelta al buen camino», y era una opción para que quienes cometían un primer delito no violento esquivaran la cárcel a cambio de declararse culpables y entrar en un programa de servicios comunitarios que también les ayudaba a estudiar, encontrar un trabajo, desengancharse de las drogas o aprender a cuidar a los hijos.

Harris se presenta como «una fiscal progresista», un concepto todavía más difícil de entender en aquellos años. Sus pasos fueron más modestos de lo que tal vez le conviene mostrar ahora. Pero tanto la opinión pública como su partido eran más conservadores que ella, que empezaba a ofrecer alternativas a la encarcelación masiva, más ideas para evitar el crimen antes de que sucediera y más ayuda en las comunidades.

«Pese al retrato que se hace de ella desde la izquierda como "la poli", Harris estaba muy conectada con el activismo», me explica Jamilah King. Los organizadores vecinales y los trabajadores sociales tenían con el programa Back On Track «una línea abierta» con la oficina de la fiscal. «No creo que eso hubiera pasado nunca», dice.

«Fue parte del despertar nacional que empezó a principios del siglo XXI, donde mucha gente en Estados Unidos se dio cuenta de que las políticas implacables con el crimen no estaban funcionando, que cada vez más gente de color acababa en la cárcel durante más tiempo, y que lo que ayudaría sería poner dinero en las comunidades para asegurar que hubiera alternativas. Cuando Harris puso en marcha Back On Track había algún que otro programa parecido, pero la visión de que ofrecer alternativas a la cárcel es una buena idea no era tan común».

En 2004, fue criticada hasta por la senadora de su partido Dianne Feinstein por no pedir la pena capital en el caso del asesinato de un policía en San Francisco. «Di mi palabra a la gente de San Francisco de que me opondría a la pena de muerte, y honraré ese compromiso pese a las emociones que despierta este caso», escribió Harris en el *San Francisco Chronicle*.

Relata que allí empezó a labrarse su camino y a entender algunas de las injusticias a su alrededor, como la discriminación hacia los afroamericanos encarcelados a menudo por cargos menores y atrapados en el sistema penitenciario por falta de ayuda para pagar la fianza. Su posición respecto a cómo reformar el sistema desde dentro para que funcione mejor está reflejada en su libro *Smart On Crime* (2009), donde no propone una revolución, sino reformas desde el respeto a las instituciones existentes.

En el libro cita, por ejemplo, a William Bratton, el ex jefe de policía de Los Ángeles y de Nueva York que aplicó la teoría de «las ventanas rotas», por la cual los pequeños actos vandálicos o la dejadez en un barrio contribuyen a una espiral de crimen. La cara amable de la teoría es que es esencial cuidar la comunidad y reparar las ventanas rotas o limpiar los vagones de tren; la menos amable es la «tolerancia cero», es decir, que la policía debe ser dura con infracciones menores como saltarse el torno del metro o romper una ventana.

Con su primer libro dejaba claro que tenía una visión más amplia y más interesada en nuevas maneras de hacer políticas públicas.

«Ya había una sensación de que ella iba a llegar lejos y de que era ambiciosa —dice King. Pero eso no siempre era bienvenido—. En la política local en general, y sobre todo en San Francisco, hay un aura de respeto hacia los políticos locales que permanecen mucho tiempo en el puesto. Y si miras más alto te consideran engreído».

Su perfil ya iba más allá del norte de California. En 2008, daba discursos, celebraba mítines a favor del candidato Obama y participaba en actos con repercusión nacional.

Tras dos mandatos como fiscal de San Francisco, en 2010 se presentó y fue elegida fiscal general de California, tras una elección muy disputada que no se resolvió hasta tres semanas después de las elecciones, es decir, hasta el final del escrutinio.

Suele contar, entre muchas carcajadas, cómo en aquella noche electoral el *San Francisco Chronicle* ya había declarado su derrota sin que ella lo supiera justo cuando le tocó subir al escenario para dirigirse a sus simpatizantes. Empezó a hablar y cuando vio que estaban llorosos creyó que era de emoción, no porque pensaran que ella había perdido.

Pese a la proyección del periódico, entonces aún quedaban dos millones de votos por contar en la extensa California y, cuando por fin se enteró de la noticia, Harris pidió paciencia a su equipo. En la víspera de Acción de Gracias, su rival reconoció la derrota.

De nuevo, llegó al puesto como la primera mujer, la primera negra, la primera persona de origen indio.

Como fiscal general de California, intentó evitar las controversias con la policía y defender reformas internas paulatinas. A menudo guardaba silencio ante las muertes de jóvenes negros a manos de los policías, que después de todo eran sus subordinados. Pero intentaba actuar con algunos cambios menos visibles, como construir una base de datos con todos los casos de abusos policiales.

Se opuso a la excarcelación de presos que ordenó el Tribunal Supremo en California porque las prisiones estaban tan masificadas que la corte consideró que el castigo aplicado estaba siendo un exceso de crueldad. Al final, aceptó dejar en libertad condicional a presos sin delitos violentos, pero en 2014 *Los Angeles Times* desveló el argumento de su oficina para intentar retrasar la medida: California no se podía permitir liberar a tantos presos porque eran parte de su mano de obra barata. En Estados Unidos, algunos presos trabajan en tareas comunitarias por sueldos muy bajos, y en California eran esenciales, en particular en la lucha contra los incendios forestales. Harris aseguró después desconocer la existencia de esa posición que habían defendido sus subalternos, pero que llevaba su firma.

Una de las medidas más polémicas que defendió fue considerar una falta de los padres, castigada con multas y hasta un año de cárcel, las ausencias escolares de los hijos cuando superaran el 10 por ciento y no estuvieran justificadas. Su objetivo era prevenir el abandono escolar, que dejaba a los niños y jóvenes en situaciones vulnerables ante el crimen, la pobreza y el abuso. Pero, como reconoció en 2019, su programa tuvo «consecuencias indeseadas», porque en algunos distritos los fiscales utilizaron la ley para «criminalizar a los padres» incluso en casos de ausencias justificadas como, por ejemplo, por motivos médicos.

Uno de sus peores momentos en los debates de las primarias demócratas sucedió cuando no fue capaz de defender por qué había sido dura castigando con penas de cárcel la tenencia de marihuana. Ahora apoya su legalización.

Lo cierto es que como fiscal general de California también defendió que la respuesta no podía ser llenar las cárceles, y empezó a trabajar en reformas concretas, como dar formación a los policías sobre los prejuicios raciales inconscientes o acabar con el sistema de fianzas que discrimina a los más pobres porque decide quién queda libre o no en función no del riesgo, sino del dinero que puede pagar. Esa fue una de las banderas que llevaría después al Senado con una iniciativa legislativa a medias con el senador republicano Rand Paul.

Ese equilibrio entre reformar el sistema y conservarlo se mantendría a menudo también en sus años como senadora. Así, Harris no apoyó formalmente el llamado Breathe Act, una iniciativa legislativa presentada en el Congreso por demócratas más a la izquierda y respaldada por Black Lives Matter, cuyo nombre recuerda lo que susurraron Eric Garner y George Floyd mientras los policías que los mataron los retenían («I can't breathe», «no puedo respirar»). La propuesta, que aún no se ha sometido a votación, pretende reducir la financiación de las cárceles y la policía y aumentarla para los centros de rehabilitación y otras medidas en los barrios para prevenir el crimen. Harris no la promovió, pero ayudó a organizar una reunión entre activistas y congresistas del caucus negro para mover la legislación.

«No es una persona particularmente dogmática, como Bernie Sanders u otros demócratas más progresistas. Se guía más por los datos y su experiencia vital. Eso a veces es difícil de plasmar en la política nacional», explica King.

Harris suele defender que su experiencia persiguiendo con dureza el crimen es compatible con su deseo de reformar el sistema para reducir injusticias y negligencias.

«No voy a pedir nunca perdón por decir esto: ¿un ser humano mata a otro ser humano?, ¿una mujer es violada?, ¿un niño sufre abusos? Tiene que haber consecuencias serias y se deben pedir responsabilidades —explicaba Harris en enero de 2019, en la presentación de sus memorias en Washington, gesticulando con los brazos en ángulo recto para mayor énfasis—. Y siempre voy a decir eso y voy a decir que Estados Unidos tiene un problema de encarcelamiento masivo. Voy a decir que hemos estado encarcelando en particular a negros y otras minorías y que hemos construido prejuicios implícitos y explícitos que hay que abordar».

Aun así, el fondo de las acciones de Harris sigue enraizado en la idea de la responsabilidad individual y la hipótesis de que la información y los recursos bastan para que las personas tomen buenas decisiones.

Lleva dos décadas en la vida pública, pero la mayor parte del tiempo ha estado en agencias que se dedican a aplicar la ley, y eso la ha marcado, aunque haya evolucionado en la manera de afrontar los problemas.

Harris también se interesó más que la mayoría de su partido por la pasividad frente a los delitos financieros. Como fiscal general de California, fue crítica con algunas de las políticas de Obama durante la crisis financiera, como el hecho de que el presidente prefiriera, para no molestar a Wall Street, que Elizabeth Warren no dirigiera la Oficina para la Protección Financiera del Consumidor, que esta última había construido para proteger a los ciudadanos frente a los abusos de los bancos y las compañías de tarjetas de crédito.

Harris se enfrentó a los banqueros rescatados por el Gobierno para defender a los californianos hipotecados y desahuciados. Así, en un acuerdo extrajudicial, consiguió que las grandes entidades pagaran miles de millones de dólares más de los que pensaban para ayudar a los propietarios en su estado.

Suele contar orgullosa su conversación con el presidente y consejero delegado de JPMorgan Chase. «¡Ponme con Jamie Dimon!», le pidió a su asistente en plenas negociaciones. «No puedes hablar con él. Le representa un abogado», se quejó alguien de su equipo. «No me importa. Pónmelo al teléfono». Se quitó los pendientes y se pegó el auricular a la oreja para una conversación que empezó a gritos por parte del banquero y luego de la fiscal, pero que acabó en términos de casi acuerdo. Al final, los bancos pagaron veinte mil millones de dólares, en lugar de los dos mil que querían abonar, para ayudar a las víctimas de las hipotecas basura de la época en California.

Su estela pública no dejaba de crecer aquellos años, y el fiscal general de Obama, Eric Holder, le sugirió en 2014 que fuera ella quien lo sucediera en el puesto. Era casi el final de la Administración Obama, había pocos recursos para los programas nacionales con los que ella soñaba y un Congreso bloqueado por los republicanos con el que no se podía contar. El instinto de Harris la empujó a decir que no y esperar otra oportunidad.

En 2016, el año en que Hillary Clinton y Donald Trump se enfrentaron por la presidencia, Harris se presentó al Senado para ocupar el escaño que dejaba libre Barbara Boxer, una veterana que se jubilaba.

Se presentaron más de una treintena de candidatos en primarias abiertas, en las que competían demócratas y republicanos. Según las reglas de las primarias en California, avanzan las dos personas con más votos sin importar el partido. Al final, su rival fue otra aspirante demócrata, la congresista Loretta Sánchez. Para entonces, Harris ya tenía un perfil más allá de su estado, la apoyaban Obama y Biden y su campaña estaba bien organizada y financiada.

Frente a una carrera nacional muy oscura, Harris hizo una campaña relajada y con mensajes positivos en California.

«Cualquier lucha buena nace del optimismo. Debemos recordar que estamos luchando por algo. Seamos alegres en ese proceso», explicaba en la presentación de sus memorias.

El 8 de noviembre de 2016, Harris ganó con el 61 por ciento de los votos y se llevó cincuenta y cuatro de los cincuenta y ocho condados de California.

Pero aquella noche electoral fue difícil celebrar nada, porque fue la misma noche en que ganó Trump. Harris fue declarada vencedora a los pocos minutos de cerrar las urnas por lo clara que estaba la carrera, pero entonces ya llegaban desde la Costa Este las primeras señales de preocupación por una posible victoria del candidato republicano.

«Sean cuales sean los resultados de las elecciones presidenciales esta noche, sabemos que tenemos una gran tarea por delante. Sabemos que hay mucho en juego —dijo Harris ante un grupo de simpatizantes en Los Ángeles—. Cuando nos atacan, cuando atacan nuestros ideales y nuestros principios fundamentales, ¿nos retiramos o luchamos? Yo digo que luchamos».

Las preguntas de la senadora Harris

En junio de 2017, durante una audiencia en el Capitolio, la senadora Harris preguntó una y otra vez, de manera directa y cortante, al entonces fiscal general Jeff Sessions si se había reunido con empresarios rusos durante la campaña presidencial de 2016 en nombre del entonces candidato Trump. El testimonio era parte de la investigación de la Comisión de Inteligencia del Senado para determinar si el régimen ruso había interferido en las elecciones de Estados Unidos.

Apenas habían pasado unos meses desde la campaña, pero Sessions respondía a la mayoría de las preguntas con la coletilla de «por lo que recuerdo» o «no me acuerdo» para dar muy poca información tanto de viva voz como por escrito.

Ya que tenía las preguntas por adelantado, Harris le preguntó si antes de testificar había «refrescado la memoria» con su calendario, emails u otra correspondencia de la campaña. Y Sessions se enrollaba sobre lo «extraordinario» del momento y las pocas notas que había tomado. «¿Va a entregar las notas que tenga a esta comisión?», le cortó Harris. «Lo que sea apropiado se lo daré a la comisión». «¿Me puede decir a qué se refiere cuando dice "apropiado"?», preguntó Harris, cada vez más seria y conteniendo la impaciencia, lo cual le hacía balancear levemente la cabeza. Sessions seguía añadiendo palabras y palabras sobre «abogados», «consultas» y «procedimiento apropiado».

«¿Tuvo alguna comunicación con representantes del Gobierno ruso por cualquier motivo que no haya sido revelado en público o a esta comisión?», preguntó Harris. Sessions explicó que no podía saber todo lo que pasaba en la convención republicana y no contestó a la pregunta. «¿Tuvo alguna comunicación con algún empresario ruso o alguna otra persona rusa?» «No creo... Había mucha gente en la convención... Es concebible que...», Harris le interrumpió y, con una amplia sonrisa, dijo: «Señor, solo tengo unas pocas preguntas». Sessions elevó la voz y dijo: «Déjeme explicarlo. Si no lo explico, me va a acusar de mentir. Necesito decir lo correcto hasta donde pueda». Sin dejar de sonreír, Harris insistió: «Quiero que sea sincero». Sessions bajó el tono, con aire suplicante: «No soy capaz de contestar tan deprisa, me pone nervioso».

El entonces fiscal general siguió sin contestar a la pregunta clave. «No me acuerdo de eso en este momento», añadió con una sonrisita dibujada en su pequeña cabeza. Sessions, dubitativo, pidió que le repitiera preguntas básicas, y después de seis intensos minutos, el presidente de la comisión, el republicano Richard Burr, intervino para pedirle a Harris que dejara más tiempo para que el fiscal general contestara.

Sessions sí se reunió con representantes del Gobierno ruso y sí ocultó información al Congreso, según el informe Mueller sobre la interferencia rusa en las elecciones de Estados Unidos y los intentos del Gobierno de Trump de entorpecer la investigación. Sessions mintió tanto en su audiencia de confirmación como en este interrogatorio. Reconoció la verdad en octubre de 2017 ante la comisión de asuntos judiciales del Senado, de la que también era miembro Harris.

La senadora estaba tan acostumbrada a insistir en sus preguntas como a ser interrumpida. Ya le había pasado unos días antes de aquella audiencia con Sessions, mientras interrogaba al segundo del fiscal general, Rod Rosenstein, y John McCain salió en defensa del alto cargo del Gobierno de Trump para que Harris no lo cuestionara con tanta intensidad.

En septiembre de 2018, la senadora interrogó al aspirante a juez del Supremo Brett Kavanaugh con el mismo estilo: una sola pregunta corta, directa y repetida una y otra vez, interrumpiendo al interrogado, que divagaba sin contestar. Harris quería saber si el aspirante a magistrado había tenido conversaciones con la firma del abogado personal de Trump sobre la investigación de Mueller y, por lo tanto, si podría haber un conflicto en su juicio sobre indagaciones que afectaran al presidente.

«¿Ha comentado la investigación de Robert Mueller con el bufete de abogados Kasowitz Benson Torres? ¿Está seguro de que no habló con nadie de esa firma de abogados? Cuidado con su respuesta, señor». «¿Sí o no? Le estoy haciendo una pregunta muy directa, ¿sí o no?»

Kavanaugh seguía sin dar ninguna respuesta más allá de que no sabía de qué le estaba hablando la senadora. Un republicano salió en su ayuda interrumpiendo a Harris y en ese momento una mujer se levantó entre el público y se puso a gritar: «¡Sé un héroe!», una petición a los republicanos para que pararan la confirmación del juez acusado de abuso sexual.

Después de varias divagaciones de sus colegas republicanos, Harris continuó: «Señor, por favor, conteste a la pregunta». El juez seguía haciéndose el remolón. «¿Habló con alguien sobre la investigación de Bob Mueller?» «¿Sobre Bob Mueller?», preguntó Kavanaugh despacio. «He hecho la pregunta hace un minuto. Me sorprende que se le haya olvidado», dijo Harris con su balanceo impaciente.

Kavanaugh acabó perdiendo los nervios en esa audiencia, gritando y llorando y quejándose de que había una conspiración «de los Clinton» contra él por la denuncia de abuso sexual de Christine Blasey Ford, una antigua compañera de instituto que se atrevió a testificar contra él. Harris también le cuestionó sobre la prueba de polígrafo que no se había hecho y la investigación del FBI que no había pedido. El juez contestaba malcarado, con refunfuños y desviando la mirada hacia los lados o hacia abajo.

Cuando fue elegida candidata a la vicepresidencia, muchos en las redes presentaban a Harris como «la mujer que hizo llorar a Kavanaugh». En realidad, el juez lloró y gritó en varias ocasiones, pero no fue como reacción directa a las preguntas de Harris.

Los interrogatorios, frecuentes en el Senado de Estados Unidos por las investigaciones y audiencias continuas, la hicieron famosa y cincelaron su imagen. Cuando fue elegida en 2016 y durante sus cuatro años de mandato, era la única senadora negra y la segunda en toda la historia del país.

Su vida se volvió un poco más complicada, embarcada a menudo en el avión entre Washington y Los Ángeles, donde su marido, Doug Emhoff, seguía teniendo su trabajo y cuidando de sus hijos.

Kamala y Doug se conocieron en 2013 en una cita a ciegas que organizó una amiga de Harris cuando ella era fiscal general de California. La amiga le pidió que no lo buscara en Google y lo conociera con una «mente abierta».

Emhoff, abogado especializado en litigios del sector del entretenimiento, estaba divorciado y vivía en Los Ángeles. Al día siguiente de la primera cita, él le mandó un calendario con todas sus fechas disponibles para los siguientes dos meses. «Soy demasiado mayor para andar con juegos. Me gustas mucho y me gustaría ver si podemos hacer que esto funcione», le dijo.

Durante meses fueron discretos. Harris quería estar segura de que la relación tenía futuro antes de exponerse al escrutinio público, y Doug apenas se lo contó a sus amigos más íntimos. Entonces ella ya era una figura muy conocida en California y más allá.

Harris cuenta entre carcajadas cómo el día que conoció a su suegra, de Nueva Jersey, la mujer le cogió la cara entre las manos y exclamó: «¡Mírate! ¡Eres más guapa que en la tele!».

Así, Emhoff empezó a seguirla en su carrera cada vez más pública, con devoción por Harris, una actitud relajada ante la prensa y cuentas en las redes dedicadas a mostrar su apoyo y amor en público. El equipo de Harris empezó a definir los años según fueran o no «a. D.» («antes de Doug»).

Se casaron en agosto de 2014 en una ceremonia en Santa Bárbara oficiada por Maya, la hermana de Kamala, con una mezcla de tradiciones indias y judías, por la religión de él. Los dos estaban a punto de cumplir cincuenta años aquel octubre (Doug es siete días mayor que Kamala).

Emhoff tiene dos hijos ahora veinteañeros de su anterior matrimonio, Ella (por Ella Fitzgerald) y Cole (por John Coltrane), que llaman «Momala» a Harris y que también han hecho campaña por ella.

La primera mujer de Doug, Kerstin Emhoff, es una productora que ha intervenido en documentales políticos como *The Last Year*, sobre el último año del Gobierno de Obama. Harris cuenta que se lleva tan bien con ella que a veces bromean con que su «familia moderna es casi demasiado funcional». Todos juntos comparten celebraciones y viajes, y Kerstin se ha prestado a conceder entrevistas y a hacer campaña por Harris.

La campaña

Harris llegó a la primera línea electoral con una imagen de mujer combativa todavía poco frecuente en la política de Estados Unidos, un país donde una década antes Michelle Obama era caricaturizada como «una mujer negra enfadada» y donde Hillary Clinton luchaba constantemente por suavizar su imagen. Uno de los momentos que ayudó a Clinton en las primarias demócratas de 2008, que acabó perdiendo, fue cuando se le saltaron las lágrimas en un acto electoral.

«Es difícil saber cuánto han cambiado las cosas», me explica Kelly Dittmar, profesora de Ciencias Políticas de la Universidad Rutgers y directora de investigación en el Center for American Women and Politics, también pensando en otra futura carrera presidencial.

«Algunos votantes pueden rechazar su ambición o considerar que su tono es amenazante aunque en realidad no lo sea, sobre todo por los estereotipos que hay sobre las mujeres negras en

Estados Unidos. Lo que puede ser importante ahora es que hay más comentaristas, periodistas y activistas dispuestos a reaccionar contra el sexismo y el racismo».

La profesora Dittmar subraya «las identidades» de Harris, que le han proporcionado «experiencias únicas», diferentes de las de otras personas afroamericanas o asiáticoamericanas. «Esto va a ayudar a tener una visión más sutil sobre las identidades raciales. Su propia experiencia como hija de inmigrantes añade valor».

Lo primero que dijo Donald Trump al conocer la elección de Harris como candidata a la vicepresidencia fue que la senadora fue *nasty* («cruel» o «desagradable») con el juez Kavanaugh.

Los republicanos también trataron de utilizar en su contra el enfrentamiento de Harris con Biden durante las primarias demócratas.

De hecho, el momento más exitoso de Harris en los debates de las primarias demócratas fue cuando acorraló a Biden por haber elogiado a senadores racistas y por haberse opuesto a aplicar en todo el país la medida de llevar escolares de barrios más pobres a barrios más ricos para integrar los colegios de ciudades como Oakland o Boston.

Harris estudió en la segunda clase integrada de su colegio, e iba en autobús cada mañana a un barrio más rico y más blanco que el suyo. «No creo que seas racista, pero...», le dijo a Biden en ese debate. Biden, tras sufrir en la respuesta, acabó cediendo su turno: «Se me ha acabado el tiempo».

Los republicanos entendieron que esta nueva fuerza les perjudicaba y trataron de pintar a Harris como «una radical de izquierdas», un mensaje que caló en parte del electorado y que era más difícil de endosar a la figura de Biden, más conocido, mayor, más blanco.

Harris se enfrentó al vicepresidente Mike Pence en el único debate de los aspirantes a número dos, el 7 de octubre en la Universidad de Utah.

El debate, como es habitual, se recuerda por unos pocos detalles. En especial, por un momento ridículo para Pence (cuando se le posó una mosca en la cabeza durante varios minutos sin que ni la mosca ni el vicepresidente hicieran nada para evitarlo) y también por una frase icónica de Harris: «I'm speaking» («Estoy hablando yo»), que utilizó varias veces ante las interrupciones de Pence.

En esos meses de campaña, atípica por la pandemia, con pocos mítines y sin convenciones multitudinarias, Harris no se libró del acoso en las redes por ser mujer y por ser negra. Las falsedades que circulaban sobre ella superaron en número a las que circularon en su momento sobre Barack Obama. Las mentiras eran parecidas, como, por ejemplo, que no había nacido en Estados Unidos y que, por lo tanto, no era elegible para ser vicepresidenta o presidenta, según la Constitución.

Más allá de los troles y aunque su propia campaña acabara pronto, Harris se convirtió muy rápido en un activo para movilizar a más votantes deseosos de frescura. En algunos casos, con ganas de verse reflejados en alguien con experiencias parecidas.

Mark Hugo López, director de migración global y demografía en el centro de encuestas Pew Research, decía que la experiencia de inmigrante de Harris podría conectar en particular con los latinos, como «hijos de inmigrantes», en el reto que tienen las campañas de movilizar a los nuevos votantes. Sobre todo, a las mujeres. «Las latinas acuden más a las urnas que los latinos», me contaba durante la campaña.

Pero la movilización de los votantes hispanos fue de nuevo decepcionante. En el caso de ciertos lugares concretos, como el condado de Miami, algunos de ellos apoyaron más a Trump que en 2016. Lo que notaban en Pew Research antes de las elecciones es que los votantes hispanos estaban menos interesados por las primarias demócratas y menos informados al respecto que el resto de la población.

En 2016, los demócratas perdieron en parte porque la participación de los negros bajó, en particular en zonas suburbanas clave. La movilización no ha vuelto a ser igual desde las campañas de Obama en 2008 y 2012, pero Biden y Harris lograron resucitar parte de ese entusiasmo, en particular entre un electorado clave para movilizar a comunidades enteras, las mujeres negras demócratas y una base de afroamericanos más conservadores.

Harris tiene en común con Obama y con Biden su moderación y su pragmatismo político. Se identifica más con el centro del partido. En algunos asuntos ha modificado sus posiciones hacia la izquierda por la influencia de políticos como Bernie Sanders y Elizabeth Warren, pero no aspira a la revolución. «No estoy intentando reestructurar la sociedad. Solo estoy intentando atender los problemas que despiertan a la gente en mitad de la noche», dijo en una entrevista en el *New York Times* durante su campaña en las primarias.

Su género pudo atraer a más votantes mujeres, las más reticentes a Trump en todas las edades y razas. Pero también alejar a otra parte del electorado. En 2018, un 35 por ciento de los votantes creía que un hombre era mejor para gestionar asuntos de seguridad nacional, según Pew Research (en 2023, este porcentaje bajaría al 14 por ciento). Otra encuesta mostraba durante la campaña de las primarias que más de un 20 por ciento de los votantes demócratas creían que una mujer lo habría tenido más difícil para ganar a Trump.

Cuando llegó a la carrera presidencial, Harris ya estaba acostumbrada a lo que supone ser una mujer en un cargo público y a sufrir comentarios sobre su aspecto o sus relaciones.

Su amigo Obama dijo en un evento público de recaudación en San Francisco en 2013 que ella era «de lejos, la fiscal general más guapa del país». Cuando la audiencia se rio, el presidente exclamó: «¡Venga! Sabéis que es verdad». Luego la llamó para pedirle perdón.

Sarah Palin, la republicana que fue candidata a la vicepresidencia en 2008, aconsejó a Harris tras su elección como aspirante a número dos que no dejara que la campaña de Biden la «ahogara» ni le definiera la imagen, y que conectara con los votantes y los periodistas a su manera: «Recuerda que te han elegido por ser quien eres», le dijo en un mensaje publicado en sus redes en agosto.

Harris fue la número dos de un presidente de setenta y ocho años y que iba a tener ochenta y uno cuando le tocara presentarse a la reelección. Por ello, Harris es ya el futuro del Partido Demócrata y una candidata natural a presidenta en 2024 o 2028. De hecho, en noviembre de 2016, unos días después de la elección de Trump, Harris fue una de las personas que Obama citó como una buena candidata para las elecciones de 2020.

En verano de 2020, durante el proceso de selección de aspirantes a la vicepresidencia, varias personas del entorno de Biden sugirieron que Harris era «demasiado ambiciosa» para el puesto. La directora de campaña de Biden contestó en público que «las mujeres ambiciosas hacen historia, cambian el mundo y ganan».

VP

El trabajo de vicepresidenta no consiste en estar en el centro de la acción. De hecho, sus funciones dependen en gran medida de lo que quiera el presidente. Pero Harris se encontraba en enero de 2021 en una posición única, con un presidente que tendría ochenta y un años al final de su mandato, que había prometido ser «un puente» hacia la nueva generación y que comprendía el papel de la vicepresidenta y sus aspiraciones después de haber pasado por la misma situación. O esa era la idea.

Obama cumplió su promesa de dejar a Biden ser el último que estuviera con él «en la sala» antes de tomar una decisión. El nuevo presidente tenía la ocasión de darle ahora el mismo espacio a su segunda. Biden asumió el compromiso público de que ella sería su principal consejera y confiaría en su criterio de forma continua en lugar de darle un papel específico.

«No hay ni una sola decisión que haya tomado hasta ahora sobre el personal o sobre cómo actuar que no haya hablado con Kamala antes», dijo Biden en una entrevista con la CNN unas semanas después de ser elegido. «Es verdad», apuntaba a su lado ella, sonriente. El día en que le pidió que fuera su *vice*, Biden insistió en su propia experiencia con Obama y en el deseo de que Harris fuera «la primera y la última en la sala».

Para Biden, no se trataba solo de empatía o de un sentido de justicia, sino de su propio interés y de su propio legado presidencial.

«Quiere pasar a la historia como un gran presidente. Ese ha sido su sueño desde que era un adolescente», me decía Evan Osnos, periodista del *New Yorker* y biógrafo de Biden. Y su manera de pasar a la historia también tenía que ver con Harris y las expectativas sobre su futuro.

Pocas semanas después de su victoria junto a Biden, un periodista ya le preguntaba a Harris si imaginaba tener que enfrentarse a Donald Trump en 2024. «Por favor», contestó ella dando un manotazo al aire como si quisiera apartar físicamente la idea y antes de echarse a reír.

Estaba claro que esas preguntas se repetirían los siguientes cuatro años. Por eso uno de los retos de Harris, según las voces expertas en otras presidencias, era controlar su nivel de exposición. Después de todo, una parte esencial de la tarea de cualquier vicepresidente sucede entre bambalinas, orquestando negociaciones y tratando de forjar acuerdos con congresistas, empresarios, sindicalistas y otros activistas. Para ello, más que su experiencia en el Senado, donde sirvió solo un mandato, Harris contaba con su trayectoria como fiscal, donde a veces también tenía que negociar, pero desde una posición de fuerza y con la ley en la mano.

En California, desde ese cargo, dio pasos para integrar mejor a personas que habitualmente no están en la primera línea de atención de los políticos por falta de dinero o de influencia. Como fiscal, tuvo el instinto de escuchar a los implicados menos poderosos en algunos asuntos controvertidos en ese estado. Y la promesa como vicepresidenta es que sería capaz de llevar a la mesa a personas que apenas habían tenido la oportunidad de influir en las decisiones al nivel más alto.

«Los próximos cuatro años serán muy reveladores. Tiene mucha presión porque es la cara del Partido Demócrata aunque en realidad no lo sea. El Partido Demócrata no está unido. Biden ha tenido una coalición grande, pero hay muchas fracturas», me decía en noviembre de 2020 la periodista Jamilah King. «Derrotar a Trump fue una cosa, pero gobernar e impulsar políticas públicas es otra».

La tarea era difícil no solo en el partido, sino en un país aún más dividido que en 2016, con una minoría muy activa capaz de cuestionar los resultados de las elecciones y otros principios básicos de la democracia en medio de una crisis sanitaria y económica. El asalto al Capitolio del 6 de enero de 2021 fue una muestra de la violencia política que podían incitar Trump y sus aliados. Y todo en una sociedad marcada por divisiones raciales y brechas persistentes por barrios, educación, género y color de la piel.

Dar voz a los marginados era una de las misiones del nuevo Gobierno y sobre todo de la nueva vicepresidenta. Habla poco de ello, pero Harris siempre ha tenido presente su papel simbólico, más allá de sí misma, para las mujeres, y en particular para las que no son blancas. Era el momento de demostrar sus ganas de construir el camino para la próxima generación, como intentó en otros puestos.

Las líderes de su equipo nada más llegar fueron tres mujeres. Era la primera vez que sucedía algo así en la historia de la vicepresidencia de Estados Unidos. Su jefa de gabinete, su consejera de política interior y su asesora de seguridad nacional cumplían con una de las promesas de Biden, «parecerse a Estados Unidos»; es decir, a la variedad de la mayor democracia multirracial y multicultural del mundo. Se trataba de la afroamericana Tina Flournoy, veterana del Gobierno de Clinton; la asiáticoamericana Rohini Kosoglu, asesora de Harris y antes de otros colegas en el Senado; y la blanca Nancy McEldowney, exembajadora en Bulgaria con décadas de carrera en el Departamento de Estado.

Al año siguiente, ninguna de las tres estaría ya en el equipo de Harris, retratada como una gestora demasiado impaciente o demasiado dura. Las salidas y su reflejo eran una señal de que el camino se estaba complicando para las aspiraciones de la vicepresidenta.

En otoño de 2022, yo charlaba con una veterana reportera política, y me contaba que la conversación en Washington sobre Harris se limitaba entonces a su «desaparición» y a que Biden no la quería como sucesora. Qué ha pasado con Kamala Harris era una pregunta constante sin respuestas muy satisfactorias. Mi colega se encogía de hombros y solo repetía que Biden y su entorno creían que Harris no sería capaz de liderar una campaña que pudiera vencer a alguien como Trump, que ya amenazaba entonces con volver a presentarse y agitaba a los ultras en las elecciones legislativas de aquel noviembre.

En realidad, el republicano tuvo poco éxito entonces y los demócratas obtuvieron victorias inesperadas en esas legislativas, en parte por la movilización de las mujeres tras la decisión del Tribunal Supremo, de mayoría conservadora, de suprimir la garantía del derecho al aborto en todo el país.

Pero el sentido de lánguida decepción con Harris no parecía cambiar al menos entre los más entregados al seguimiento de la política. La vicepresidenta era, en realidad, poco visible para reporteras políticas como mi colega.

La imagen pública de Harris había quedado unida en Washington a una de las pocas entrevistas televisivas que había dado al principio de su mandato y poco después de que Biden le asignara la tarea de examinar las causas de la migración desde Centroamérica y qué se podía hacer para combatir la violencia, la pobreza y la crisis climática que empujaban a las personas a marcharse a la desesperada a Estados Unidos. Harris no era la encargada de gestionar el control de fronteras ni la política de asilo sino un proyecto centrado en el desarrollo, pero cayó víctima de la percepción de que tenía un papel central en uno de los asuntos más explotados por la extrema derecha de Estados Unidos desde hace años.

En junio de 2021, el periodista Lester Holt la entrevistó en NBC y le insistió varias veces en si había ido de visita a la frontera sur de Estados Unidos. «A un cierto punto, ya sabes, vamos a ir a la frontera... Hemos ido a la frontera. Así que toda esta, toda esta, toda esta cosa sobre la frontera... Hemos ido a la frontera. Hemos ido a la frontera», contestó Harris. Holt afirmó entonces: «No has estado en la frontera». «Y no he estado en Europa. Quiero decir, no entiendo, no entiendo qué argumento quieres hacer», replicó Harris, terminando la frase con una risa. «No estoy subestimando la importancia de la frontera».

«A la defensiva» e «incómoda» fueron entonces las palabras más benévolas para describir su actuación. El equipo de Biden se declaró «perplejo» ante preguntas que no deberían haber sido difíciles de responder, y el equipo de Harris, «frustrado». Lo peor, tal vez, fue lo que pasó después. La vicepresidenta dejó de dar entrevistas y la percepción al menos de los periodistas que la seguían es que desapareció del foco público mientras se multiplicaban los estereotipos machistas y racistas contra ella. Otras políticas los habían sufrido antes con la excusa de cualquier desliz, pero los habían gestionado de manera diferente.

«Elizabeth Warren es un gran ejemplo de una candidata cuyo equipo, cuando estaba en campaña, entendía muy bien que si le salía mal una entrevista, lo que había que hacer era llenar las ondas después con más entrevistas. Simplemente hacer más y más de modo que la gente ya se había olvidado de cuál era el asunto en la entrevista de hace ocho días o lo que fuera», explicaba Elaina Plott Calabro, reportera política de la revista *The Atlantic*, en una entrevista con Ezra Klein.

«Kamala Harris no hizo eso… Tenía tanto miedo de cometer otro error de esa magnitud que en lugar de salir ahí fuera y hablar sin parar hasta que pareciera solo una entrevista —quién se acuerda— la convirtió en una de las pocas entrevistas que dio en todo el año y, sin duda, en todo el verano», contaba Plott Calabro, que publicó un detallado perfil sobre Harris. «Tomó una importancia muy grande que probablemente no era proporcional a los errores en la entrevista en sí mismos».

La percepción de que era indecisa o «un peso ligero», como repetían entonces políticos y periodistas, se consolidaba como atajo para describirla en la élite de Washington mientras los ciudadanos tenían poca información sobre ella o pinceladas del retrato trazado por los republicanos, plagado de bulos y de insultos, a menudo con connotaciones sexuales.

Cuando todavía era presidente, Trump la llamó «asquerosa», «irrespetuosa», «ambiciosa» y «mezquina». En un mitin pensando en el futuro, llegó a decir que Estados Unidos no podía tener «una presidenta socialista, especialmente mujer». En inglés, utilizó la palabra *female*, habitualmente un adjetivo y que tiene connotaciones negativas cuando se utiliza como sustantivo: algo así como usar en español la palabra «hembra» para referirse a una política. Después, Trump pasó a describirla, sin ninguna base, como una persona «lunática» de «bajo cociente intelectual» que había medrado a través del sexo.

Presentadores y tertulianos de los canales conservadores Fox News y Newsmax que habían empezado haciendo chistes sobre su nombre acabaron comentando cómo sería tener sexo con ella. También la llamaban *bimbo*, una barbie o una muñeca, o *ho*, prostituta.

Un senador republicano de Oklahoma insistió en atacar a la vicepresidenta con un comentario sobre el sexo oral incluso cuando sus colegas decían que se había pasado. Otros repetían que «no sabe hablar» y que su puesto como número dos era solo una elección «cien por cien DEI», es decir, las siglas en inglés para referirse a las políticas de diversidad, igualdad e inclusión. Sean Hannity, el agitador ultra, estaba especialmente obsesionado con definirla a través de su risa. Uno de sus montajes contra Harris consistía solo en cortes de la vicepresidenta riendo: «Esta es una de las razones por la que los votantes parecen detestar a Kamala Harris», dijo.

«Lo más loco es que podrían haber pasado los últimos cuatro años construyendo un caso contra ella si creían que podía haber sido la candidata. Sin embargo, se los han pasado siendo condescendientes y riéndose de ella porque creían que les iba a traer audiencia o les hacía sentirse como tipos grandes», decía Kat Abughazaleh, *tiktoker* conocida como Kat Abu y especializada en el seguimiento de la prensa conservadora, durante una entrevista en el programa sobre medios de la radio pública NPR.

En algunos casos, esos ataques, de hecho, serían utilizados por la campaña presidencial de Harris.

En una entrevista en Fox News en 2021, J.D. Vance, futuro aspirante a vicepresidente, la metió en la categoría de *childless cat ladies*, es decir, mujeres sin hijos y con gatos, «que se sienten desgraciadas por su propia vida y quieren que el resto del país también sea desgraciado». Harris, en realidad, ayudó a criar a los dos hijos de su marido.

Kerstin Emhoff, la primera esposa de Doug, salió a defender a Harris de los insultos de Vance. «Estos son ataques sin ninguna base. Desde hace más de diez años, desde que Cole y Ella eran adolescentes, Kamala ha sido progenitora con Doug y conmigo», dijo Kerstin en 2024, cuando las palabras de Vance emergieron de nuevo. «Es cariñosa, ferozmente protectora y siempre está presente. Amo a nuestra familia mezclada y estoy agradecida de tenerla a ella».

En el verano de 2024, el movimiento de las damas sin hijos y con gatos (o perros) se convirtió en una fuente de apoyo a Harris. Además, las palabras de Vance sirvieron para recordar que, como senador, votó en contra de una ley para garantizar en todo el país el acceso a tratamientos de reproducción asistida después de obstáculos legales defendidos por los republicanos en estados como Louisiana y Alabama.

Los ataques contra Harris son «los clásicos contra las mujeres», me explicaba Barbara Perry, historiadora y codirectora del programa de historia oral presidencial del Centro Miller de la Universidad de Virginia. «La forma en que aborde esos ataques determinará en parte hasta qué punto puede ganar votos independientes y tantos votos demócratas como sea posible».

Harris tenía una montaña que escalar en términos de popularidad. Durante el mandato de Biden, sus índices de aprobación llegaron a bajar más incluso que los del presidente, que ya eran bastante bajos. No era fácil desentrañar los datos concernientes a Harris de la aceptación general del Gobierno, en pendiente descendente desde la caótica retirada de Afganistán en agosto de 2021.

«En su caso, esto refleja una gran cantidad de cuestiones. Los vicepresidentes no suelen brillar en la vicepresidencia. Si son inteligentes, no quieren eclipsar al presidente, y son los segundos en la fila. Su único trabajo oficial es presidir el Senado… Y el trabajo que ella tenía como representante del presidente era la crisis de inmigración en la frontera sur de Estados Unidos, que es casi irresoluble. En sus primeros dos años, no estuvo asociada con victorias», contaba Perry. Cree que algunas críticas sobre la gestión de su oficina, con varias salidas en los últimos años, reflejan más la vara de medir para las mujeres políticas en primera línea. «Bill Clinton o el propio Joe Biden tenían un temperamento bastante cruel. Cuando estaban enojados, gritaban e insultaban, y entonces la gente decía cosas como "es su temperamento irlandés". Luego el hombre se calmaba y todos lo querían. Pero si una mujer tiene mal genio, se le aplica la palabra *bitch*».

Parte de los ataques contra Harris en la Casa Blanca reflejaban la pura política de manchar preventivamente la reputación de alguien que puede ser tu rival. Pero el tono y los detalles sorprendían hasta a los más veteranos. «No soy alguien que atribuya muchas críticas al sexismo. Pero algo de esto es claramente sexista», me decía una tarde de julio de 2024 Dan Morain, que fue periodista y editor de *Los Angeles Times* y escribió una biografía sobre Harris centrada en su carrera política en California. «Nunca escuchas a críticos atacando el tono de la risa de un hombre. Pues ella ha sido criticada por su risa… Hillary Clinton también fue ridiculizada por su risa».

Morain cree que, incluso sin contar con la campaña organizada de la extrema derecha y los propagandistas exteriores habituales contra Estados Unidos, había algo inevitable por el simbolismo de la pionera. «Ella es la primera. No es como cualquier otro vicepresidente. Por ello se la somete a un estándar diferente del de Mike Pence, Dick Cheney, Al Gore o cualquiera de los otros vicepresidentes. Ella es la primera mujer. Es la primera mujer de color en ocupar ese puesto», me decía. «Hay personas que están convencidas de que la única razón por la que fue nombrada fue porque es mujer y es negra. Estas son personas que no la conocen y que eligen no conocerla».

El biógrafo y periodista también ha contado en detalle sus defectos, que él mismo sufrió como reportero en California y que cree que la han perjudicado en Washington. Por ejemplo, habla de la tendencia de Harris a contestar preguntas con otras preguntas, esquivar asuntos en el debate público o replegarse.

«No tomaba posiciones sobre temas que estaban en primer plano y el público podía insistir con razón en que ella tomara posiciones. Hace lo mismo en Washington», explicaba Morain. «Al mismo tiempo, toma posturas sobre temas que ella elige y sobre los que otros políticos no hablan. En California, tomó una postura bastante audaz contra la industria tecnológica». El biógrafo se refiere al desafío de Harris a Facebook y otras empresas para que asumieran responsabilidades legales del contenido que publican en lugar de protegerse contra cualquier demanda.

Las debilidades de Harris en Washington casi le habían costado el puesto.

En otoño de 2023, voces en la élite demócrata pedían un cambio en el dúo presidencial antes de que empezaran las primarias. No hablaban entonces de una alternativa para el octogenario presidente, sino para su compañera de fórmula.

En septiembre, Nancy Pelosi —la expresidenta de la Cámara de Representantes y una de las líderes del partido dentro de la poca estructura existente en Estados Unidos— dio un apoyo tibio a Harris cuando el periodista Anderson Cooper le preguntó si la vicepresidenta era la mejor opción para acompañar a Biden en las siguientes elecciones presidenciales. El presidente, dijo entonces Pelosi, «lo piensa y eso es lo que importa». Después, añadió que Harris es «muy astuta políticamente» y que «la gente no le da suficiente crédito». Tras las palabras de Pelosi, otras supuestas aliadas siguieron una línea parecida. Al enfrentarse a la misma pregunta en otra entrevista en una radio, la senadora Elizabeth Warren contestó: «Prefiero dejar que el presidente haga lo que le haga sentirse cómodo».

El retrato negativo de Harris se repetía en la prensa, reflejando que habían dudas en público y otras en privado. En algunos casos, se trataba de artículos de publicaciones conocidas por la superficialidad en el periodismo de Estados Unidos —como la revista *New York*— o por los estereotipos sobre la gestión de las mujeres poderosas, como *Politico*. Pero la cobertura, en general, reflejaba la ausencia de Harris y las críticas dentro de su propio partido. No se trataba —nunca se trata— de una campaña orquestada por los medios, sino de lo que decían sus financiadores, sus aliados y su propio equipo.

«Un gran donante dice que hay un acuerdo entre los pesos pesados del partido en que tener a Harris de vicepresidenta para Biden "no es ideal, pero hay esperanza de que pueda estar a la altura de las circunstancias". Algunos argumentos contra ella parecen más insignificantes: un miembro del equipo de Harris señaló la cantidad de tiempo de descanso que la vicepresidenta agenda en los viajes, incluyendo una cantidad desorbitada de tiempo al cuidado del pelo», escribió el periodista político Astead Herndon en un reportaje del dominical del *New York Times* publicado en octubre de 2023 después de ocho meses de trabajo y más de setenta y cinco entrevistas.

El reportero sacaba esta conclusión: «Después de una campaña decepcionante en 2020 y la espina reputacional que ha durado desde entonces, Harris ha sido a menudo una política en busca de un momento en lugar de una líder que lo define».

Aquel otoño de 2023, en varias conversaciones con periodistas y expertos en asuntos públicos en Nueva York y Boston, algunos de medios y otros de la Universidad de Harvard, yo seguía teniendo más preguntas que respuestas sobre qué había pasado con Harris. El artículo del semanario del *Times* seguía sin ofrecer un relato inequívoco, aunque lo que traslucía es que tal vez era considerada un peso pluma en un momento cada vez más difícil para el país.

De nuevo, me volvió a sorprender el cambio radical unos meses después, cuando en pocas semanas Harris se convirtió en la supuesta salvación del Partido Demócrata.

Recordando las críticas a Harris durante los meses anteriores, Morain, el biógrafo, creía que la imagen que se proyectaba de la vicepresidenta era equivocada, a partir de su propia experiencia viendo sus debilidades y fortalezas de cerca en California, un contexto con sus propias complejidades.

«Ella es una política consumada. Se presentó y ganó tres carreras estatales en California. Este es un estado de casi cuarenta millones de personas. Y fue fiscal general de California, es decir, fue jefa del segundo departamento de Justicia más grande del país después del Departamento de Justicia de Estados Unidos. Es una institución enorme y ella la supervisó durante seis años. Y fue una de los cien senadores estadounidenses», me contaba. «Ella es diferente de todos los que la precedieron y por eso la subestiman. La gente que subestima sus habilidades ha perdido contra ella».

Hablé con Morain un viernes de julio de gran incertidumbre sobre el futuro de Biden y el futuro de Harris. Después de semanas de presión, algunos medios aseguraban que el presidente, enfermo con COVID y en aislamiento en su casa de Delaware, anunciaría su renuncia a la candidatura demócrata ese fin de semana. Otros contaban que Biden estaba «abierto» a considerar opciones, pero también que estaba dispuesto a seguir y estaba pensando en las siguientes citas de campaña cuando se recuperara.

Antes de despedirnos, Morain me insistió como lección de sus años informando sobre la vicepresidenta y escribiendo sobre ella: «Nunca subestimes a Kamala Harris».

Ese domingo 21 de julio, cuando faltaban catorce minutos para las dos de la tarde en la Costa

Este, la Casa Blanca publicó el texto con el anuncio de la retirada de Biden.

Media hora más tarde, el presidente compartió otro mensaje en X: «Mi primera decisión como candidato del partido en 2020 fue elegir a Kamala Harris como mi vicepresidenta. Y esta ha sido la mejor decisión que he tomado. Hoy quiero ofrecer todo mi apoyo a Kamala para que sea la candidata de nuestro partido este año. Demócratas, ha llegado el momento de unirnos y derrotar a Trump. Vamos a ello».

El momento

Unas horas después de conseguir el apoyo de la mayoría de los delegados demócratas para ser elegida candidata a la presidencia de Estados Unidos, el 23 de julio, Kamala Harris se subió al escenario de un gimnasio en el instituto de West Allis, una ciudad dormitorio a las afueras de Milwaukee. Era su primer mitin después de la renuncia de Biden.

Todavía no tenía lema oficial. La campaña había repartido carteles de fondo blanco o negro con la palabra «Kamala» en un lado y «USA» en el reverso, pero todavía no había logo ni camisetas nuevas con la nueva aspirante a presidenta.

Algunos de los asistentes habían hecho apaños caseros con el logo de Biden-Harris, pintando un garabato sobre el nombre del presidente para destacar más el de la vicepresidenta o improvisando eslóganes como *Yes We Kam!*, Madame President Kamala Harris o *Kamala Harris changes lives. Watch her change the world* («Kamala Harris cambia vidas. Mira cómo cambia el mundo»).

Las gradas estaban llenas. Otros cientos de personas se repartían en la cancha y delante del escenario. Era la una y media de la tarde y hacía mucho calor. Algunos se abanicaban en la espera. El sofoco parecía dar igual ante la llegada de Harris. Los gritos de entusiasmo eran tan intensos que un reportero del *Times* contaba después que le dolían los oídos. Aquel martes de julio la carrera había cambiado. El mitin de West Allis parecía reflejar un nuevo comienzo.

«El ánimo era alegre, casi embelesado», escribió desde allí la reportera Emily Witt en el *New Yorker*. «Había pasado menos de una semana desde el final de la convención de los republicanos en Milwaukee con un aire triunfal y la apariencia de un partido invencible. Donald Trump había sobrevivido a un intento de asesinato en lo que algunos de sus seguidores interpretaban como un acto de intervención divina. Biden había enfermado de COVID entre llamadas a que renunciara, y el Partido Demócrata en sí mismo parecía haber tocado fondo. La idea de que solo unos días después miembros del partido enardecidos iban a reunirse en un mitin pletórico en la misma ciudad parecía inimaginable».

En el gimnasio del instituto de West Allis empezó a sonar *Freedom*, de Beyoncé. La cantante había dado permiso al equipo de Harris para utilizar su canción como himno de campaña. Mientras la voz poderosa entonaba *«'m a keep running / 'Cause a winner don't quit on themselves»*, Harris abrazaba en el escenario a la mujer que la había presentado, Leia Esser, una profesora de Wisconsin que se había beneficiado del perdón de la deuda estudiantil decretado por Biden. Los gritos de la multitud entusiasmada eran tan altos que a Harris le costó unos cuantos *thank you, thank you* conseguir una pausa para empezar a hablar.

En realidad, Harris llevaba meses dando discursos y acudiendo a mítines en nombre de un presidente menos activo de lo esperado en una competitiva campaña presidencial. Desde el principio de 2024, había hecho más de sesenta viajes a veinte estados para hablar, según explicaba su oficina, a «estadounidenses negros, mujeres, líderes jóvenes y líderes de la comunidad» en todo el país. Es decir, grupos de población clave para asegurar una victoria demócrata en noviembre.

El «verano del compromiso», como lo había bautizado su campaña antes de que fuera candidata, estaba centrado en «subrayar» lo que había hecho el Gobierno para ayudar a estos grupos y «proteger libertades fundamentales», como «la libertad para las mujeres de tomar decisiones sobre sus propios cuerpos», «la libertad de vivir libres de la violencia de las pistolas», «la libertad de respirar aire limpio y beber agua limpia» o «la libertad de aprender toda la historia de Estados Unidos». El mensaje tenía un eco del discurso de las cuatro libertades de Franklin D. Roosevelt pronunciado en 1941.

Uno de los mensajes más claros en los que Harris había encontrado su papel y su voz era la defensa del derecho al aborto y la salud sexual que los republicanos seguían atacando tras la decisión del Tribunal Supremo de anular la garantía constitucional en todo el país. Era una de las batallas donde los jueces y los políticos conservadores estaban luchando contra el consenso popular y la voluntad de la comunidad médica. También una de las que les había costado más votos a los republicanos en las elecciones legislativas de 2022.

Dos años después, el 63 por ciento de los estadounidenses decían que el aborto debe ser legal en todos o en la mayoría de los casos frente al 36 por ciento que decían que debe ser ilegal en todos o la mayoría de los casos, según la encuestadora Pew. La abrumadora mayoría seguían estando en contra de la decisión del Supremo.

A Harris no se la ha conocido especialmente por sus dotes oratorias y habla poco de su historia más personal, pero está acostumbrada a repetir el mensaje político y ha aprendido a presentarlo ante el público dejando las pausas para los aplausos o para generar algo de suspense en la multitud. Los años en la Casa Blanca, sobre todo los últimos, la han ayudado.

Cuando Biden anunció su retirada, Harris ya tenía rodaje en la campaña para la reelección. La de West Allis era su quinta visita a Wisconsin desde enero. Esta vez, tenía a la plana mayor del Partido Demócrata local en el mitin: el gobernador, la vicegobernadora, la senadora, el alcalde de Milwaukee y casi todos los cargos electos del partido que pintaban algo en el estado.

Cuando la dejaron hablar, soltó una risa para compartir el entusiasmo y procedió con calma a través de la clásica estructura en la que tenía muchas tablas. Primero toca el agradecimiento generoso a la ciudadana que te presenta («creo que nuestros profesores hacen un trabajo divino: enseñan a los niños de otras personas, y bien sabe Dios que no les pagamos suficiente») y a los políticos, en este caso incluyendo a Biden; después algunos momentos inspiradores y el recuerdo de lo que está en juego, y, lo esencial, el cierre con una llamada a la acción.

Llamó a la movilización colectiva para la defensa de las libertades, como el derecho de voto y los derechos reproductivos, cuestionados por las decisiones del Tribunal Supremo y los políticos republicanos que las empujaban. «Estamos sobre los hombros de las generaciones de estadounidenses que antes que nosotros lideraron la lucha por la libertad y ahora, Wisconsin, el testigo está en nuestras manos», dijo, abriendo los brazos y haciendo el gesto para los que estaban en el gimnasio del instituto delante de ella y tal vez para los millones más que la verían en una pantalla.

Harris tenía preparada su frase más clara y apenas podía contener la risa mientras hacía la exposición de su carrera como fiscal porque sabía cuál era el final del argumento que estaba haciendo. Y también lo sabían muchos de los presentes allí. Dijo que como fiscal estaba acostumbrada a tratar con delincuentes: «Me enfrenté a perpetradores de delitos de todo tipo. Depredadores que abusaban de mujeres. Timadores que robaban a los consumidores. Tramposos que se saltaban las reglas para su propia ganancia». Hizo una pausa y soltó: «Así que hacedme caso cuando digo que conozco a los tipos como Donald Trump. En esta campaña, os prometo que pondré orgullosamente mi historial contra el suyo todos los días de la semana».

Entre risas y aplausos, la multitud coreaba «Kama-la, Ka-ma-la».

El mensaje de su campaña estaba ya en aquel mitin de Wisconsin: «En estas elecciones, afrontamos una pregunta: ¿en qué tipo de país queremos vivir?... ¿Queremos vivir en un país de libertad, compasión, Estado de derecho... o un país de caos, miedo y odio?» «No vamos a volver atrás. No vamos a volver atrás», dijo, entusiasmada cuando la audiencia repitió la frase a gritos. Ahí había un lema de campaña.

Para terminar, la llamada a la acción concreta: «Tenemos puertas que tocar. Tenemos llamadas que hacer, tenemos votantes que registrar, y tenemos una elección que ganar. Así que Wisconsin, hoy os pregunto, ¿estáis preparados para trabajar?... ¿estamos preparados para luchar?» Y entre aplausos, otra afirmación clave en esta campaña: «Y cuando luchamos, ganamos».

Fueron algo más de veinte minutos, incluidas las pausas para los aplausos, las risas y el griterío, pero parecía que todo había cambiado.

«El contraste entre el discurso de Harris y los discursos que le he escuchado dar a Biden durante todo el año fue chocante. En ninguno de los discursos de Biden que he cubierto últimamente se argumentó el caso contra el otro lado de esta manera tan claramente definida y se presentó con este tipo de energía», comentó Peter Baker, reportero político del *New York Times*.

La senadora Tammy Baldwin habló después un momento con el grupo de periodistas que seguía la campaña de Harris. Uno le preguntó si el mitin de Harris le había parecido diferente: «Totalmente», dijo. «La gente estaba emocionada. Fue maravilloso verlo».

A lo largo de los años he estado en muchos gimnasios de institutos y universidades de New Hampshire, Ohio o Florida llenos de votantes o potenciales votantes que gritaban, aplaudían y asentían ante candidatos que luego perdieron. Es peligroso sobrevalorar el ambiente en un mitin. Pero hay algo en el tono, la asistencia o el nivel de respuesta ante las preguntas enfáticas de la persona en el escenario que refleja de manera anecdótica por dónde va la campaña.

Una de las lecciones para los periodistas de las sorprendentes elecciones presidenciales de 2016 fue que el reporterismo anecdótico bien hecho puede aportar claves que a veces no se vislumbran en el estudio más científico de las encuestas.

La energía en esos primeros mítines de Harris como candidata daba de pronto, y por primera vez en muchos meses, esperanza a los votantes demócratas. Algo esencial para la carrera es que esa energía se transformó rápido en dinero.

En la primera semana tras el anuncio de la retirada de Biden, la campaña de Harris aseguró que había recaudado doscientos millones de dólares. La mayoría llegaron en pequeñas donaciones y, según explicó la campaña, el 66 por ciento provenían de personas que dieron dinero por primera vez en el ciclo presidencial de 2024. En esa primera semana, más de ciento setenta mil personas se apuntaron para ayudar a la campaña de Harris haciendo llamadas telefónicas o escribiendo a votantes, rondando de puerta a puerta o ayudando a registrar votantes.

La aplicación ActBlue para donar a causas demócratas casi batió su récord de recaudación en un día, con cincuenta y siete millones de dólares. Casi igualó el dinero conseguido al día siguiente de la muerte de la jueza Ruth Bader Gingburg, en septiembre de 2020. El mayor grupo de fuera de la campaña que apoyaba a los demócratas aseguró que había conseguido ciento cincuenta millones en las primeras veinticuatro horas.

«Parece un momento en la historia del que seguiremos hablando dentro de diez años o dentro de décadas. Es algo que no habíamos visto en mucho tiempo», dijo al *Washington Post* Ning Mosberger-Tang, una de las primeras ingenieras de Google, activista de la lucha contra el cambio climático y donante demócrata. «Mucha gente, incluyendo yo misma, estaba paralizada en las últimas semanas. Muchos de nosotros no estábamos dando dinero a nada. Ahora parece que se han abierto las compuertas».

La campaña innovó también con las llamadas de Zoom organizadas por grupos de activistas para recaudar fondos. Dos días después del mitin de Wisconsin, más de doscientas mil mujeres se unieron a la llamada organizada por Shannon Watts, fundadora del grupo Moms Demand Action por el control de armas. El evento online recaudó más de once millones de dólares, probablemente el Zoom más lucrativo de la historia. Fue la más exitosa entre las llamadas organizadas esos días: más de cuarenta mil personas acudieron al Zoom organizado por un grupo que representaba a mujeres negras y más de cincuenta mil a otro organizado como una llamada de hombres negros. La semana siguiente, más de ciento ochenta mil personas se unieron al Zoom organizado por el grupo llamado con tono sarcástico «tíos blancos por Harris» y la campaña recaudó casi cuatro millones de dólares.

Harris todavía tenía para los ciudadanos un margen de descubrimiento que no tenían ni Biden ni Trump, y eso explicaba la mejoría inmediata de su popularidad como candidata. Y ella no era la misma política de dos años antes, como decía David Axelrod, el antiguo jefe de campaña de Obama y gran conocedor del partido.

«Kamala Harris ha estado nadando en la parte más profunda de la piscina durante cuatro años. Casi se ahoga. Pero aprendió a nadar y es una candidata mucho más segura y dominante de lo que hubiera sido hace cuatro años o de lo que habría sido hace dos años. Eso es algo que no puedes enseñar», comentaba Axelrod en una charla del Instituto de Política de la Universidad de Chicago. El retrato de radical que trataban de pintar los republicanos chocaba con «la compostura y el dominio» que ahora transmitía Harris.

Barbara Perry, la historiadora de la Universidad de Virginia, me decía que había visto algo diferente en Harris desde su campaña en las primarias o incluso en comparación con sus años como senadora. «No es que haya florecido repentinamente en tres semanas, pero creo que ha crecido en el centro de atención nacional. En los últimos dos años desde que se anuló la decisión sobre el aborto de *Roe v. Wade*, encontró su verdadero papel para salir a hablar sobre la pérdida de la libertad reproductiva de las mujeres estadounidenses. Ha argumentado ese caso de manera muy efectiva», me explicaba Perry.

Conozco a la historiadora desde hace años y la había entrevistado por última vez en enero de 2024. Entonces estaba muy preocupada por el futuro de la democracia de Estados Unidos ante una posible victoria de Trump. Cuando volvimos a hablar en julio, después de la renuncia de Biden y el ascenso de Harris, parecía mucho más relajada.

Harris había caminado «esa delegada línea diplomática», según Perry, entre apoyar al presidente de manera elegante y aprovechar el foco de atención sobre ella tras «un comienzo más débil en los primeros años».

Muchos, como Perry, como Axelrod y como muchos periodistas políticos, estaban sorprendidos por la habilidad política de Harris. Había gestionado la transición de Biden de manera aparentemente indolora y con rapidez de reflejos. Después de más de un centenar de llamadas a congresistas, senadores, líderes y posibles rivales del partido en las siguientes diez horas al anuncio de Biden, logró el apoyo abrumador del partido en apenas dos días.

A la vez, Harris conectaba de otra manera con el electorado, con un tono relajado y humorístico frente a la seriedad percibida a veces como rigidez de los demócratas.

Los activistas demócratas que crean contenidos virales empezaron a hacer dinero con memes de todo tipo que la campaña y sus seguidores abrazaban con naturalidad. A veces eran chistes diciendo que Harris era *Brat*, un epíteto que define a alguien capaz de pasárselo bien y que tiene un poco de lío, según un álbum de Charli XCX, una británica estrella del pop. Otras, vídeos y juegos de palabras con un cocotero, un símbolo de un dicho de la madre de Harris con el que los republicanos se habían mofado de la vicepresidenta.

La frase viene de un discurso que dio para presentar un programa dirigido a mejorar las oportunidades para las mujeres hispanas en la Casa Blanca en mayo de 2023. Harris explicó entonces que a menudo hay planes centrados en los jóvenes, pero que también hace falta atender a las necesidades de padres, abuelos, profesores y mentores. «Porque ninguno de nosotros vivimos en compartimentos estancos. Todo sucede en contexto. Mi madre, que a veces nos echaba la bronca, solía decirnos: "No sé qué os pasa a vosotros los jóvenes. ¿Pensáis que os habéis caído de un cocotero?"», dijo, y se rio, probablemente recordando. «Existes en el contexto en el que vives y de lo que vino antes de ti».

Lo que Shyamala les decía a sus hijas es que no eran las primeras ni las únicas, que vivían rodeadas de otras personas. Algo así como la expresión de «parece que te has caído del guindo» que diría una madre española. El cocotero, además, es un árbol muy habitual en la región del sur de India de donde provenía la familia de Shyamala y es apreciado incluso como algo sagrado.

El fragmento del discurso en que Harris contaba la anécdota y se reía había sido utilizado por los republicanos para ridiculizarla. En cambio, sus admiradores también llevaban meses replicándolo como algo positivo. Sus seguidores, incluyendo las activistas de la organización Emily's List, empezaron a utilizar los emojis del coco y la palmera para apoyarla. Se multiplicaron los memes con cocos a su favor. En sus mítines aparecían votantes con gafas hechas de cocos y carteles con mensajes como *cocoNUT for Harris* (un juego de palabras entre el fruto y la palabra para «loco»). El senador demócrata de Hawái Brian Schatz compartió una foto trepando por un cocotero con la frase: «Señora vicepresidenta, estamos preparados para ayudar».

Cuando la atacaban por la anécdota del cocotero, yo intuía que Harris no estaba dispuesta a avergonzarse de ese momento o de esa frase, porque era una frase de su madre. No es una política que hable a menudo de su historia personal, pero cuando lo hace, su madre siempre está presente.

Harris ya ha llegado donde difícilmente podía imaginar cuando hacía guardias con la policía en la fiscalía del condado californiano de Alameda. En su camino hacia lo más alto, nunca ha dejado de mencionar a Shyamala, su «razón para todo».

Harris habló de ella cuando fue elegida vicepresidenta y dijo: «Puede que ella nunca se imaginara este momento. Pero creía tan profundamente en una América donde un momento como este fuera posible que pienso en ella y en las generaciones de mujeres, negras, asiáticas, blancas, latinas, nativoamericanas que a través de la historia de nuestro país allanaron el camino».

En aquel discurso, Harris recordó a todas las mujeres que trabajaron para conseguir y proteger el derecho de voto. «Pienso en su lucha, su determinación y la fuerza de su visión para ver lo que puede ser, liberado del peso de lo que ha sido», dijo, pronunciando las palabras que repetiría durante años. *What can be, unburdened by what has been*: «Lo que puede ser, liberado del peso de lo que ha sido».

«Para viajar lejos no hay mejor nave que un libro».

EMILY DICKINSON

Gracias por tu lectura de este libro.

En **penguinlibros.club** encontrarás las mejores
recomendaciones de lectura.

Únete a nuestra comunidad y viaja con nosotros.

penguinlibros.club

Penguin
Random House
Grupo Editorial

penguinlibros